作家们

〔美〕巴里·吉福德 著

晓风 译

南京大学出版社

谁的声音？（代序）

陈星[1]

一般说来，一部作品的他序最好是采取导读的形式，通过分析作品的时代背景、思想内容、艺术手法等之间的关系，指出作品的不俗之处，引起读者的阅读兴趣，并为读者提供解读作品的"权威"思路。换言之，一部作品的他序应该正面地、准确地、权威地论述作品的写作契机／动机／目的，探讨作品中流露出的作者人生观／价值观／艺术观，剖析作品的文学／学术／社会意义。

但我受托为《作家们》这本书作序，却不揣冒昧，想借此机会提出一个问题，这个问题是我在读本书"作

[1] 陈星，爱丁堡大学英语文学博士，研究方向为莎士比亚及英国文艺复兴文学，现为南京大学英语系讲师。

者的话"时产生的，在阅读正文的过程中未停止思索，可到现在也没能找到圆满的答案。我忍不住想在这里提出来——好在提出问题也可以引起读者的阅读兴趣，并为读者提供某种解读作品的思路吧？因此这篇序虽然很不合格，但或许勉强可以算没有完全失职。

我想问的是：读《作家们》时，我们听到的是谁的声音？

乍一看，这个问题应该很好回答：既然《作家们》是巴里·吉福德的作品，那我们听到的自然就是巴里·吉福德的声音。尤其是吉福德还特地在"作者的话"里提醒我们他"自作主张改动了作家们的生平信息"——换言之，即便这部作品原本旨在再现这些作家的真实生活，实际上我们读到的这些信息也只是吉福德的主观构建，我们听到的是吉福德自己的声音。的确，撰写任何传记都意味着对实存"事实"的选择、解读、删改、润色，甚至"改动"。吉福德在《作家们》中解读了十六位在欧美现当代文学史上举足轻重的诗人、小说家、剧作家的人生和文学艺术。不论这些作家在世时是以擅春秋笔法、言简意赅著称，还是以喜洋洋洒洒、鸿篇巨制闻名，在吉福德的笔下，他们通通只能出演自己生命中或许曾发生过、或许从未有过的一个片段：《作家们》中的十三部短剧（也许用"微剧"这个时髦词来描述它们更合适）里，除了海明威出演的《瞭望山庄的春训》，余下十二部都是独幕独场剧，出场人物不超过三位，对话寥寥，最多一刻钟就得谢幕。

传记学研究者迈克尔·本顿曾经撰文指出，"从某种程度上说，所有的作家传记描绘的都是传记作家自己"[1]，吉福德的《作家们》似乎也不例外。从剧本中频频出现的一些意象和话题（旅店、犯罪、音乐、文学作品的电影改编、古巴、墨西哥、西班牙语）里，我们的确能隐约看到吉福德本人的生活和写作经历。巴里·吉福德 1946 年出生于芝加哥的一家酒店里。他的父亲是一个犯罪集团成员，主要在大小酒店内活动，因此吉福德的童年基本上是在芝加哥和新奥尔良的一家家酒店里度过的。在 2015 年接受采访时，他曾经这样描述自己的童年："出生在一家酒店里，在一个个酒店的游泳池边长大，听着南来北往的人们

---

[1] Michael Benton. "Literary Biography: The Cinderella of Literary Studies." *The Journal of Aesthetic Education* 39 (2005): 44–57. 51.

谈天说地，注意他们如何说话，模仿芝加哥和哈瓦那的各种口音。"[1]吉福德成名后多次和导演大卫·林奇合作，其中一次是为美国的 HBO 电视网创作迷你剧，故事就安排在酒店内，剧名便是《酒店房间》。而《作家们》中的不少场景，也正是大酒店或是小旅馆，南来北往的人们在那里谈天说地，聊聊犯罪、人生、写作，其中有好几位还恰好说夹杂着西班牙语的生硬英语。当然，真正让吉福德声名鹊起的是他的犯罪小说。20 世纪 90 年代，当欧美大部分犯罪小说作家还将目光集中在美国的意大利黑帮身上时，他便开始以墨西哥和那里的死亡圣神教信仰为背景进行创作。而墨西哥（以及拉丁美洲）和死亡成为《作家们》中反复出现的两大元素，看来也就不是偶然的了。对于大多数人来说，他们初识吉福德是通过《我心狂野》这部影片。该影片由大卫·林奇改编自吉福德的同名小说，1990年在戛纳电影节上斩获了金棕榈奖，吉福德的小说创作生涯也由此走上坦途。而在《作家们》里，有一个关于导演 / 编剧和原作者的故事，夹杂在关于海明威、凯鲁亚克、加缪、兰波、普鲁斯特、梅尔维尔、狄金森、

[1] Barry Gifford and J. W. McCormack. "Barry Gifford Is America's Offbeat Dostoevsky." *Vice*. Dec. 5th, 2015.

乔伊斯、贝克特等文学巨匠的故事中间:《马耳他之鹰》的导演、编剧约翰·休斯顿与 B. 特拉文的会谈，讨论将后者的《碧血金沙》改编成同名故事片，好令其作者享誉世界。

不过，吉福德在同一次采访中指出，促使自己写作《作家们》的，是有一次听到一段八分钟的录音，那是乔伊斯本人朗读《芬尼根的守灵夜》的选段，乔伊斯"轻快的尖嗓音让人想起利菲河漫过石块，流经都柏林"。因此，"在《作家们》里，我想的是，让他们自己为自己说话！"如果他是当真的，那么我们在《作家们》中听到的，应该是这些作家自己的声音，而且不仅仅是听到他们"发言"，还应该能听到他们"发声"。

而我们也的确听到了他们发言。虽然吉福德事前宣称自己对作家的生平进行了艺术加工，但总的来说，这些短剧里涉及的不少作家的个人生活细节与事实是相符的。兰波的确在埃塞俄比亚的哈拉尔呆过，在那儿倒卖咖啡和军火，他也最终死在马赛的圣母无染原罪医院，住院期间一直由妹妹伊莎贝尔陪伴；梅尔维尔的确在《白鲸》之后文运不昌，作品饱受冷落，最终于 1866 年改行做了海关检查员；波德莱尔的确有一位叫让娜·杜瓦尔的情妇，马奈还曾给她画过一幅画像（英国作家朱利安·巴恩斯曾评价它是马奈所绘肖像画中"最极端，也可能是最丑得令人发指"[1]的一幅）；狄金森的确在费城结识过一位年长于自己的牧师；普鲁斯特的确没能完成他的《追忆似水年华》；贝克特的确给乔伊斯做过助手，等等，等等。不仅如此，在这些短剧中的这十六位作家，也与在他们自己作品中展现出的他们相当一致：海明威是条住在古巴、爱喝酒、会玩枪的硬汉；B. 特拉文是个身份扑朔迷离、行踪不定、无人真知其为谁的神秘人；普鲁斯特则独自躺在病榻上自己与自己对话，是个"胡言乱语"的人。除此之外，在《作家们》里，还有对这些作家"声音"的大量直接引用：作家们有时会用自身行动诠释自己的名言，有时则在对话里悄悄地插进一句自己的名句。我们可以看到，加缪在《被放逐的伊克西翁》里亲自演绎他的名言"人是唯一一种拒绝成为自己的生物"；兰波躺在病榻上，到死都坚持"我厌恶我的国家。对我来说，最好的东西是喝醉后在海滩上的酣睡"；质疑标准英语写作、不喜语法和形式的贝克特一言不发，

---

[1] Julian Barnes. *Keeping an Eye Open*. London: Jonathan Cape, 2015. 74.

静静地等待乔伊斯发话；而乔伊斯开口时，也的确没有遵守语法和形式，只说了"音乐"一词；狄金森几乎说每句话都要押韵，我们可以听到她向妹妹发问："I'm nobody. Who are you? Aren't you nobody, too?（我只是个无足轻重的人。你是谁？你不也是个无足轻重的人吗？）"；还有波德莱尔感叹"花瓣绽开／来揭露恶之花"；以及梅尔维尔在河边喃喃"虽然我昏昏欲睡"，但"我没疯"。

我们或许也有机会听到这些作家"发声"，展示他们独有的"嗓音"。毕竟，《作家们》是部戏剧合集。在舞台上，剧中的作家们将打破时空壁垒，行走在我们面前，用"自己"的声音与我们直接对话。戏剧是突破写作中介的艺术，因其即时性、有形性营造出真实感。这也就意味着，如果这些短剧真的能够搬上舞台，我们将能直接听到演员演绎的不同角色，他们或许会竭力再现乔伊斯的爱尔兰口音、狄金森的马萨诸塞腔、海明威的伊利诺伊调、加缪与波德莱尔与普鲁斯特与兰波带法国味儿的英语，或者博尔赫斯与博拉尼奥的拉美腔。这将是与阅读截然不同的体验——在阅读时，回响在我们心中的，始终不过是我们自己平素的声音。

但是我，以及即将阅读这十三部剧的读者们，是通过纸上阅读的方式看《作家们》的。吉福德在"作者的话"里也说了，这些篇目"可作剧本演绎，也同样可作故事阅读"。而把它们当故事阅读时，我们既听不到乔伊斯如"利菲河漫过石块，流经都柏林"的声音，也听不到演员演绎这些作家时所用的腔调。而且，如果在翻开此书前，我们对吉福德的生平和其他作品了解不多的话，我们其实也听不到藏在旅馆、音乐、死亡、拉美这些元素背后的他的声音——所以，我最终听到的，或许只不过是我自己的声音？我觉得这十三部剧里充满了讽刺：以惜墨如金叙事简洁、只展示冰山一角著称的海明威，是《作家们》中唯一一个需要连"演"五场的人物；而写起书来巨细靡遗滔滔不绝的乔伊斯，居然只有一句由一个单词组成的台词；在自己诗歌里惯用半韵的狄金森，与妹妹日常对话时却时时用上工整的韵脚；死亡天使对普鲁斯特的《追忆似水年华》嗤之以鼻；波德莱尔的情妇用一首诗甩掉了他。但这样的"讽刺"，是吉福德的本意，抑或仅仅是我的偏见？

我还觉得，《作家们》中的众作家虽然分属不同的剧本，但他们中的不少却又似乎隔着这些剧本在对话：加缪引用普鲁斯特的"文学是最精致的谎言"，和妓女讨论国家机器；普鲁斯特反驳死亡天使对他强迫男孩子与自己性交的指控，并向她打听天堂和地狱；博尔赫斯的幽灵从天堂（也可能是地狱）飘回人间，抱怨一个幽灵要找另一个幽灵实在是困难，自己这么多年都没能遇上梅尔维尔；在人间的梅尔维尔放弃了写作，当上了无足轻重的海关检查员，与同为"国家机器"一员的无名警察聊起了"考验"；狄金森押着韵，告诉妹妹爱的考验是死亡，说自己是无足轻重的人，妹妹则评价姐姐"确实经常写花"；波德莱尔拿着情妇的分手信，开始吟诵"恶之花"。所以，虽然吉福德将《作家们》安排为十三部独幕剧，其实本书也可以看作是一整部剧。作家们隔着时空对话，在这样或那样的话题上有小小的交集，而所有的交集加在一起，便组成了《作家们》的主题：什么是生死？什么是文学？什么是艺术？什么是成功？但是，这是吉福德的本意么？是海明威、加缪、普鲁斯特、梅尔维尔、狄金森、波德莱尔的本意么？抑或只是我因不习惯当代文学的支离破碎、戛然而止，强行建立起来的联系？吉福德，还有作家们，介不介意我给《作家们》搭出这样一个框架呢？

所以说，在读《作家们》时，我们听到的是谁的声音？是吉福德的？作家们的？还是我们自己的？（而读者们在读了这篇序之后，再读《作家们》时，是不是还会顺便听到一点我的声音？）我还没能找到答案。不过吉福德说了，想要了解关于作家的一切，"实情可见于其作品之中"。那么，就请大家赶紧扔开这篇序，翻开《作家们》，进而翻开海明威、狄金森、加缪、普鲁斯特、兰波，去寻找关于包括巴里·吉福德在内的作家们的"实情"吧。

2017 年 5 月 9 日于南京

献给丹

作者的话

本书篇目可作剧本演绎，也同样可作故事阅读。这些肖像刻画的生命瞬间有的纯属凭空想象，有的则相对现实。当然，在几个情景中，我自作主张改动了作家们的生平信息。实情可见于其作品之中。

—— B. G.

目录

瞭望山庄的春训

SPRING TRAINING
AT THE FINCA VIGÍA

Ernest Hemingway, 1941

出场人物

欧内斯特·海明威，美国作家
休·凯西与柯尔比·希格比，布鲁克林道奇队投手
玛莎·盖尔霍恩，海明威的妻子，也是一名作家
曼努埃尔，海明威的得力助手
两个男人在暗处

场景

古巴哈瓦那郊外的瞭望山庄[1]，即欧内斯特·海明威和玛莎·盖尔霍恩的家。1941年。
弗洛丽蒂塔，哈瓦那的一所酒吧。

创作日志

这是一年的早春时节。布鲁克林道奇棒球队正在为下个职业棒球联盟赛季训练，其中两个投手休·凯西和柯尔比·希格比成了海明威的同伴。此时，这位作家年届42岁，已著《太阳照常升起》《永别了，武器》等作品。

---

[1] "瞭望山庄"原文为西班牙语。

第一场

刚过晚上 10:30，**海明威**领头，**凯西**和**希格比**从正面门廊的入口冲进房子，像被鞭子赶进笼中的困兽一样在客厅里转来转去。有好一会儿，每个人——包括欧内斯特——都蹑手蹑脚，仿佛从没进来过一样。他们都醉得不轻。

凯西

所以这是你的地盘了吧，嘿，欧尼？你喝酒的地方。

希格比

叫他欧内斯特，凯斯[1]。他说过不喜欢听人叫他欧尼。

海明威

我在哪儿就喝到哪儿。现在我在这儿。

希格比

我们也是。我们三个在这儿，在古巴。

[1] 凯西的昵称。

凯西

对。希格比说得对。你准备做点什么，欧内斯托[1]？

海明威

我能为你们两位先生上酒吗？

希格比

我以为古巴只有古巴女人。

海明威

他在说什么？

凯西

你在说什么，欧内斯托？

海明威

我在请你们两个醉鬼喝饮料。

凯西

见鬼，喝，海姆[2]，我们接受这份邀请。

希格比

好，好！

[1] 欧内斯特的变体。
[2] 海明威的昵称。

> **海明威** 走到吧台，为两人各倒
> 了一杯威士忌，递给他们。

海明威

哈瓦那乡村射击俱乐部的常客肯定会欢迎你们光顾，伙计们，不过我不确定他们有那么多鸽子，可以撑到你们春训结束。

希格比

我们这种乡巴佬肯定他妈都是些婊子养的神枪手。

海明威

希格[1]，我真想有你那种老鹰一样的眼睛，但我遗传了母亲的视力。要是我母亲是只老鹰，而不是现在这位，我可能会过得好些。她的性格跟视力一样糟糕。

> **希格比** 和 **凯西** 觉察到 **海明威** 提
> 起母亲时情绪有了变化。他们
> 开始痛饮。

海明威

来吧，凯斯，我们把手套戴上。

---

[1] 希格比的昵称。

海明威取下用系带吊在墙角挂钩上的两副拳击手套，扔了一副给**凯西**。在**希格比**的帮助下，两个男人戴上手套，系上带子。正在这时，海明威的妻子**玛莎·盖尔霍恩**进场了。她长着深金色头发，像是芭芭拉·斯坦威克[1]那类人，作风强硬，打扮时髦，不算特别漂亮，但很有魅力，而且比包括她丈夫在内的这几个男人更聪明。这点他心知肚明，而且为此憎恨她。她敏捷而精准地对眼前景象表达出赞叹之情。

盖尔霍恩

晚上好，孩子们。要是我听不见风中摆动的第三条帆脚索，我就没救了。[2]

凯西

晚上好，海明威夫人。

---

[1] 芭芭拉·斯坦威克（1907—1990），美国女演员。
[2] 习语，帆船上三条帆脚索都松懈后，帆船就会摇摇晃晃，用来比喻醉鬼。

希格比

晚上好，夫人。

海明威

伙计们，你们可以不用拘礼。盖尔霍恩女士[1]不喜欢婚内称呼。玛莎，我这位可敬的对手正是休·凯西先生，现任布鲁克林道奇队投手。我们两位共同的替补是柯尔比·希格比先生，也来自布鲁克林队，也是一位知名作者，书名恰如其分，叫作高快球。

希格比

别听他说的，夫人——我是说，女士。我不是什么作者。我是个投手，跟凯斯一样。就是人们说的我的"第一天性"[2]。

盖尔霍恩

你的西班牙语很棒，希格比先生。不过，不用担心，我听海明施坦恩[3]说过，那就足够了。

凯西

我明白你的意思。老欧恩[4]知道怎么匆匆忙忙就说服人。

---

[1] "女士"原文为西班牙语。
[2] "第一天性"原文为西班牙语。
[3] 海明威有时自称"哈克·冯·海明施坦恩"，曾用这个名字及其缩写来签署信件。
[4] 欧内斯特的昵称。

海明威

别废话了, 凯斯。希格, 帮我们挣脱钳制, 把家具挪开。

盖尔霍恩

冒昧请问, 凯西先生, 你不是在训练吗?

凯西

你知道的, 女士, 我前一晚喝点酒, 第二天就会投得更好。它总是给我带来负疚感, 然后我就会更卖力。

希格比

没错。我们的总经理麦克菲尔先生在赛季还剩最后一个月时问他还能不能坚持, 凯斯告诉他, 拉里, 只要威士忌还够, 我就能做到。

> **海明威**和**凯西**开始打拳。**盖尔霍恩**离开房间。两个男人不时狠狠地击中对方。**希格比**忙着四处乱转, 想要保护台灯、座椅等家具, 但这都是徒劳的。

> 过了一会儿。**海明威**和**凯西**累得瘫在扶手椅上。**希格比**为他们解开带子, 拉下手套。

海明威

你被击倒了几次，凯斯？

凯西

我不知道。六七次吧，我猜。

海明威

你数了击倒次数吧，希格？

希格比

是的，六次，如果有次他不是倒在了长靠椅上，也许就是七次。

海明威

但每次不超过一两秒。你击倒了我两次，凯斯。你是个强硬的伙计。

希格比

我得说他确实强硬，欧内斯特。去年九月，红衣主教队接连打中休吉[1]投的球，杜罗切尔踏上投手丘[2]要换他下来。让我热热身。我准备好了，正要离开候补队员区，但我看见凯斯和里奥嘀咕了几句，然后里奥就

---

[1] 休·凯西的昵称。
[2] 棒球比赛中投手投球的区域，是一个圆形土堆，中间埋着一块白色橡胶板。

回到了休息区。然后，我以前从来没见过这么多击球手卧倒来躲避飞来的球。凯斯肯定投了八九个触身球。

凯西

十个。

希格比

他们9:1赢了我们。回到宾馆，我问凯斯，为什么里奥把他留在了场上。告诉海姆你当时是怎么说的，休吉。

凯西

看上去我们已经必输无疑了，所以我让里奥把我留下，我得给红衣主教队的击球手们一点颜色瞧瞧，教他们终生难忘。我告诉杜罗切尔我会在他们身侧和背上留下针疤，看他们还胆敢跟我作对。但我的快球跟柯尔比的没法比。他的快球听上去就像运货火车来了。

海明威

我曾经听到过那样的声音。是在战争前线。我醒来时，两个意大利士兵死了，还有一个在尖叫。我把他抱起来扛回了医务帐篷，期间德国人一直在用机关枪扫射。我脚踝中了枪，然后是膝盖，但我总算爬完最后十码地，到了帐篷。我到那儿的时候，那个士兵已经死了，我的膝盖骨被炸飞了。医生从我的腿里钩出了一百多块子弹碎片。三个月后，我瘸着腿走出医院，膝头安了一块金属盖。几乎一整年，我不得不拄着拐杖走路。

希格比
我和凯斯曾经把几个小伙子送进了医院，靠的是唾沫球[1]，那可不好控制，但我们也不敢跟机关枪比。

凯西
你赢了，欧内斯托。我们来敬你吧。

> **海明威**艰难地站了起来，走到吧台新开了一瓶酒，拿出三个干净的玻璃杯，倒酒。

海明威
准备好了就开火吧，先生们。

*

第二场

> 瞭望山庄的午夜。**海明威**只穿着卡其短裤和凉鞋站在房子正

---

[1] 一种棒球作弊手段，让唾液不均匀地附着在球上，使球在飞行时，不同部位产生不同的摩擦，导致飞行轨迹异常。

面的门廊上。他端着一支猎枪，
瞄准暗处。

海明威

来吧，胆小鬼！到亮处来，让我把你们打得屁股开花。
以前光线更暗的时候，我也能借着猎豹眼睛里煤灰渣
的闪光射杀它们。

盖尔霍恩穿着睡衣和拖鞋走进
门廊。

盖尔霍恩

怎么了，欧内斯特？你要对谁开抢？

海明威

夜行贼，玛莎。没种鼠辈，窃取别人辛辛苦苦工作得
来的东西，自称叛乱者来为自己开脱。

盖尔霍恩

我什么都没听到。

海明威

他们可没有豺狼的胆子。在你感觉到他们把手伸进你
的口袋之前，你都听不见他们，也看不见他们。一群
恐怖分子，这些小孩儿。害怕脚下的绊线。

盖尔霍恩

什么绊线?

海明威

嘘。我还没有安装上去。曼努埃尔明天会从马坦萨斯[1]带炸药回来。用船从多米尼加[2]运来了武器。

盖尔霍恩

我不会允许的,欧内斯特。有人会受伤的。

海明威

你说得对,圣女。

盖尔霍恩

我说的是你,还有你的醉鬼[3]们。道奇队老板要是看见他的明星投手回到布鲁克林时已经被炸成了碎片,会说什么?

海明威

不会发生这种事的,娘儿们。这些偷偷摸摸假惺惺的狗杂种才会被炸飞了蛋,虽然他们本来就没长蛋,只是希望自己长了。

[1] 古巴城市,马坦萨斯省首府。
[2] 加勒比海岛国。
[3] "醉鬼"原文为西班牙语。

盖尔霍恩

你总说你是支持叛乱的。

海明威

我是反对巴蒂斯塔[1]，不是支持叛乱。

> **盖尔霍恩**消失了一会儿，又拿着一只大手电筒重新出现在门廊上，向黑暗中照去。

盖尔霍恩

我想你们已经把他们吓走了，欧内斯特，你和你的玩具枪。

海明威

我八岁的时候，就在密歇根打掉了二十码开外的蜥蜴尾巴，那时你还在圣路易斯的小妞娇屄学校学习先用哪只叉子呢。

盖尔霍恩

（关掉手电筒）

那些蜥蜴丢掉尾巴的时候，我还没出生呢。不过，尾

[1] 鲁本·富尔亨西奥·巴蒂斯塔–萨尔迪瓦（1901—1973），1933—1940年为古巴实际的军事领导人，1940—1944年为古巴合法总统，1952—1959年为古巴独裁者，在古巴革命中被推翻。

巴没长回去吗？

海明威

重开一下手电筒。

盖尔霍恩

我回床上去了。别伤了狗，也别打掉哪只猫的尾巴。

盖尔霍恩回到房内。**海明威**独自站在门廊上，继续将枪口对准夜色。终于，他收起枪回到屋内。门廊的灯熄了。过了一会儿，门又开了，非常缓慢，**海明威**悄悄地带着武器重回据点。一阵窸窸窣窣的声音；黑暗中有人或动物在移动。**海明威**端起猎枪，开了一枪，又是一枪。枪弹的轰鸣声完全消散后，一阵彻底的沉默。**海明威**转身进屋。

两个男人出现在门廊的两端。他们朝对方走去，在**海明威**刚刚站立的地点下方碰头。两人手里都握着左轮手枪。他们慢慢地偷偷摸摸地离开了房子，消失在黑暗中。

*

第三场

哈瓦那一所名叫弗洛丽蒂塔的酒吧内。**海明威**坐在角落的凳子上，面前的吧台上摆着一杯德贵丽鸡尾酒。海明威身旁的凳子上坐着**凯西**还有**希格比**还有古巴人**曼努埃尔**。**凯西**和**希格比**在喝德贵丽。**曼努埃尔**面前的吧台上是一小杯朗姆酒。

凯西

但为什么他们会找上你，欧内斯特？

希格比

是啊，特别是如果你正在支持他们。

海明威

他们杀了我的一条狗。这是要"建立古巴人的古巴"[1]。

[1] 这是古巴革命党（即"真正党"）的口号。

我们美国人就快从这里消失了。

希格比

你太有名了，不会被杀的。

海明威

还没有名到死不了的地步。二者有区别。

凯西

你怎么想，曼努埃尔？他们会杀欧内斯托吗？

曼努埃尔

会[1]，如果他们认为这能推动革命。

希格比

不过他们不会射杀一个美国球员吧，会吗？

海明威

洋基队的，也许会，但不会杀道奇队的。

他们都放声大笑。四人喝酒。

曼努埃尔

休先生[2]，你见过最好的击球手是谁？

---

[1]"会"原文为西班牙语。
[2]"先生"原文为西班牙语。

希格比

对啊，休吉，是谁？

凯西

鸭子迈德维克 [1]，毫无疑问。高球、低球、内角、外角，都不在话下。鸭子一挥棒，砰的一声，就是个击中墙的二垒安打。

海明威

我的妻子也来自圣路易斯。

希格比

她是红衣主教队球迷吗？

海明威

她喜欢红色。她甚至曾经以为自己也是其中一员。

希格比

什么，一名红衣主教队球迷？

---

[1] 乔·迈德维克（1911—1975），绰号"鸭子"，美国职业棒球运动员，曾为圣路易斯红衣主教队、布鲁克林道奇队等棒球队效力。

海明威

不，一名赤色分子。

（他站起来。）

曼努埃尔和我要走了，伙计们。我们要去马坦萨斯卸载运来的武器。

希格比

在军队时，我的长官说我不太擅长执行命令。

凯西

好吧，欧内斯托，我们待会儿还会见到你吗？

海明威

明晚到我家来。我有东西要给你们看。

海明威和**曼努埃尔**离开弗洛丽蒂塔。

希格比

你真认为那些叛乱分子会杀了欧内斯托，休吉？

凯西

我怎么知道，希格？我甚至都没法让鸭子迈德维克出局。

希格比

你不是唯一一个。

（他们碰杯，喝酒。）

*

第四场

第二天夜晚，**海明威**、**希格比**、
凯西和**曼努埃尔**都坐在欧内斯
特和玛莎家的门廊上。他们在
喝酒。海明威的椅边倒竖着一
支猎枪。

海明威

方法是这样的，如果有人绊到了线上，灯就会亮起来，
绊到的线最近处安置的炸药就会引燃。

凯西

如果那是只动物呢？或者一个不知道那儿有绊线的
朋友？

海明威

战争中总有附带伤亡，凯斯。

盖尔霍恩走出房子，到了门廊
上。

凯西和希格比

晚上好，海明威夫人。

盖尔霍恩

凯西先生，我丈夫告诉我你在对鸭子迈德维克投球时
遇上了麻烦。

凯西

是的，夫人。他让我很没辙。

盖尔霍恩

我来自圣路易斯。

凯西

是的，夫人，我们知道。一个伟大的棒球之城。

盖尔霍恩

我曾有机会研究迈德维克先生的击球方式。我认为他
很难击走刚过手高的内角球，特别是在他黏紧投手的
时候。

希格比

去你的，凯斯，她说得可能有道理。

凯西

我会记住的，海夫人。感谢你的建议。

盖尔霍恩

欧内斯特，请你和你的小团伙今晚收工时记得收拾碎尸。我可不想明早还得为你们善后。晚安[1]，先生们。

盖尔霍恩进屋。

凯西和希格比

晚安，夫人。

凯西

她还挺不错，欧内斯特。

希格比

你娶她算是对了，我觉得，欧内斯托。刚过手高的内角球。这就是里基先生[2]说的洞察敏锐。

---

[1] "晚安" 原文为西班牙语。
[2] 布兰奇·里基（1881—1965），美国职业棒球联盟执行官、球员、名人堂成员。

海明威

我开始觉得你们跟女人交往的经验太少了。

> **凯西**正要说话，但**海明威**举起了手。

海明威（继续）

嘘。我听到了声音。

> （他站起来，拾起猎枪。）

你恐惧的是情欲和愤恚
竟对我的暮年殷勤献媚；
我年轻时它们可不算祸殃；
如今还有什么来驱策我歌唱？ [1]

凯西

滚吧，欧恩，你才四十二岁。你可不老。

> **海明威**又坐了下来，把猎枪放在大腿上。

海明威

叶芝先生懂得自己在说什么，先生们。年老是一种精神状态。

---

[1]叶芝（1865—1939），爱尔兰诗人，诺贝尔文学奖获得者。这四句诗为《驱策》，选自叶芝晚年诗集《新诗》（1938）。

希格比

是啊，等我的手臂僵硬了，我就回阿肯色州去待着。
享受和平安祥的生活。

海明威

我羡慕你，希格比，真的。对我们很多人而言，和平
的结局可没有写进命里。

> 一声响亮的"咔哒"，紧接着
> 是几秒的沉寂，然后是微弱的
> 爆炸声。一个男人大喊，然后
> 是逃跑的脚步声。

凯西

我想你得分了，欧内斯特。

海明威

曼努埃尔，去看看。

> **曼努埃尔**离开门廊，消失在黑
> 暗中。三十秒的沉寂。

曼努埃尔

（在黑暗中）

什么都没有[1]，欧内斯托。他逃走了。

海明威
没关系。这下杂种们就知道我们是当真的。

盖尔霍恩回到门廊上。

盖尔霍恩
我不敢问。

希格比
管他是谁，给吓跑啦。

曼努埃尔回来，站在门廊前的台阶上。

曼努埃尔
成了，欧内斯托。

海明威
是的，曼努埃尔，成了。但他们明天还会回来。

---

[1] "什么都没有"原文为西班牙语。

盖尔霍恩

我可不会回来。

盖尔霍恩转身进屋。

凯西

我开始明白你说的女人是怎么回事了，欧恩。

海明威站起来，把猎枪靠在椅子上。

海明威

凯斯，我们对打几个回合，你看怎样?

凯西

当然可以，不过让我们先喝一杯。

（他们走进屋里。）

*

第五场

海明威独自站在门廊上。天欲破晓。正在他说话当下，光线逐渐增强。

海明威

我知道你们在那儿，你们所有人，等着我走错一步。好吧，继续等啊你们这群婊子养的，你们可占不到我的便宜。你们还没有那些纽约批评家的胆子。至少我们知道他们的名字。让我快慰的就是那些名字会从记忆里消失，比夏天坦噶尼喀湖[1]上的飓风消散得更快。

你们认为你们在事业中不是孤军奋战，但你们就是，我们都是。不过，早晨可不是尝试深刻的好时候。不管我们写了什么，写得怎么样，棒球打得怎么样，世界的光会让每个人蒙羞。无论如何，我们人类都是杀手，只有我们中最优秀的才能将我们最英勇的行为保留到最后一刻。既然上帝为我作证，他也为玛莎还有曼努埃尔还有凯斯还有希格作证，而我在这儿这个美丽的该死的新的一天证明只有上帝才能让鸭子迈德维克出局。

剧终

[1] 非洲中部淡水湖，是世界第六大、第二深的湖。

翁贝托蛤蜊屋一夜

ONE NIGHT IN UMBERTO'S
CLAM HOUSE

Writers

Jack Kerouac

出场人物

杰克·凯鲁亚克，美国作家，写作了许多长篇小说，
　　其中最著名的是《在路上》
乔伊·加洛，纽约市臭名昭著的有组织犯罪人物，
　　通常被称为"疯子乔[1]"
一名侍者

场景

1962 年，纽约市格林尼治村[2]一家名叫翁贝托蛤蜊屋
的餐厅，凌晨四点半。三十三岁的暴徒乔伊·加洛独
自坐在他最喜欢的桌子前吃着蛤蜊和蚌肉，佐以红酒。
翁贝托是他经常光顾的餐厅。作家杰克·凯鲁亚克站
在吧台边喝着锅炉厂[3]，当他瞥见加洛时，尽管不认
识本人，却因为见过报纸上的罪犯照片认出了后者。
凯鲁亚克已经醉得不轻，这在他身上屡见不鲜。

[1] 乔伊的昵称。
[2] 纽约曼哈顿下城著名的艺术区域，"垮掉的一代"
　　中心之一。
[3] 一种鸡尾酒的名称。

凯鲁亚克

（拦住一名经过的侍者）

嘿，坐在那儿的可不是那个暴徒，疯子乔·加洛吗？

侍者

是的，但他不喜欢别人叫他疯子。那是科伦博家族[1]在污蔑他。

> **杰克·凯鲁亚克**将杯里的一点威士忌一饮而尽，把玻璃杯放回吧台，带着啤酒来到了**加洛**桌前。**凯鲁亚克**面对**加洛**站着，身体轻微摇晃，脚下明显不稳。**加洛**继续进食。

凯鲁亚克

加洛先生，我的名字是凯鲁亚克。你也许听说过我。我是个有名的作家。

> **加洛**抬头看**凯鲁亚克**。

加洛

我读过《在路上》。我喜欢它，特别是在洛杉矶脏兮

---

[1] 纽约黑帮"五大家族"之一，20世纪50年代因乔伊·加洛反叛事件受创。

今的宾馆房间，那个墨西哥小妞向萨尔扔鞋子的部分。很真实。不过我不喜欢你的下一本书。里面有太多奇怪的宗教方面的东西。

凯鲁亚克

《达摩流浪者》。我是佛教徒。

加洛

坐下来吧，免得你摔倒了。

> **凯鲁亚克**坐到**加洛**对面的椅子上。

凯鲁亚克

你害怕一个人待在这儿吗？

加洛

我什么也不怕。你知道我是谁吧，嗯？

凯鲁亚克

当然，疯子乔·加洛。

加洛

叫我乔伊。我不疯。

凯鲁亚克

那是梅尔维尔说的。

加洛

写《白鲸》的那个家伙?

凯鲁亚克

他在给纳撒尼尔·霍桑的信中写了这句话为自己的小说辩护。没人能看懂它。

加洛
（大笑）

也有人不理解我。他们说我疯了，因为我在冒险，但我没有，真的。我知道自己在做什么，我让人们保持警觉，所以他们就占不到便宜。明白我在说什么吗，凯洛威?

凯鲁亚克

是凯鲁一亚克。我是法裔加拿大人。实际上是易洛魁人[1]。你读得很多啊，嗯?

---

[1] 16世纪或更早以前形成的北美原住民联盟，称为易洛魁联盟，居住在今纽约州中部和北部，使用易洛魁语。

加洛

你觉得粗人不会读书吗？我在想以后自己写一本。我现在太忙了。如果有一天坐牢了，我就写。

凯鲁亚克

陀思妥耶夫斯基在《死屋手记》里写了他坐牢的经历。

加洛

不知道这本。试过《罪与罚》，但我从没读完。读到那个人被良心折磨就失去了兴趣。干我这行不能有良心。公事公办才能在这一行待下去。懂我的意思吗？你进去过吗？

凯鲁亚克

我在曼哈顿拘留所里结的婚。

加洛

（暂时停下吃饭的动作）

不是在开玩笑吧？这是怎么回事？

凯鲁亚克

因为当了一起罪案的帮凶被捕。法官允许我跟女友结婚，她当时还在上学。把我从监狱里弄出来了。

加洛

犯的什么事？

凯鲁亚克

谋杀。

加洛

基督啊，凯洛威，你自己就是个不折不扣的陀思妥尤斯基[1]。这都是什么样的经历啊。

凯鲁亚克

知道奥斯卡·王尔德管经历叫什么吗？

加洛

告诉我。

凯鲁亚克

错误。

加洛

他半点没错。

---

[1] 原文中加洛对陀思妥耶夫斯基的称呼有误。

凯鲁亚克

你以为知识分子就不会有真正的人生经历吗？我曾经还是个橄榄球运动员。在折了一条腿之前我是哥伦比亚大学的中卫。

侍者走了过来。

加洛

给这个人加点他喝的那种酒，再给我来一杯红酒。

（对凯鲁亚克）

我不喝棕色酒。会让我发抖。

侍者离开。

凯鲁亚克

我是个酒鬼。我父亲也是。

加洛

如果这么下去，你活不长的。你现在几岁？

凯鲁亚克

四十。

加洛

我三十三。你还是已婚？

凯鲁亚克

不是了。离了两次婚。

加洛

但你是天主教徒吧，不是吗？

凯鲁亚克

我告诉过你，我是佛教徒。

加洛

噢，对。这就是为什么你写了一本烂书。

凯鲁亚克

最近我又出版了一本书，一本忏悔录，像菲茨杰拉德的《崩溃》，但是他没能活到写完他的那本。

> **侍者**端来他们的酒后走开了。
> **加洛**举起他的玻璃杯向**凯鲁亚克**祝酒。

加洛

为你的成功干杯。

> **凯鲁亚克**举起威士忌，两人碰杯，喝酒。

凯鲁亚克

你是个很棒的家伙，乔伊。我很高兴我们相遇了。

加洛

就像那个法国人说的，漫游黑夜的两艘船。

凯鲁亚克

路易-费迪南·塞利纳医生。《长夜行》。天快亮了。这时他该往塞纳河里撒尿了。

加洛

我有个故事给你写。

凯鲁亚克

说来听听。但首先我要再喝一杯。

加洛指指**凯鲁亚克**，向**侍者**示意。

加洛

有个男人结婚了，有了几个孩子，却爱上了另一个女人，正巧是个歌女。他养着她，但她却背叛他跟一个蠢货好了，所以他就威胁那蠢货如果他不离开那女孩，就杀了他。

凯鲁亚克

但他也背叛了妻子。

加洛

那不重要。他花钱养她呢。

侍者又端来了两杯威士忌。**凯鲁亚克**一口干掉了一杯。

凯鲁亚克

他怎么不跟妻子离婚，娶那歌女呢？

加洛

他这么做了。但后来他捉住新妻跟之前那蠢货上床。他用枪在那蠢货身上打了个窟窿，本来也要打死女孩，但他舍不得扣下扳机。

凯鲁亚克

他太爱她了。

加洛

可能吧。她帮他把尸体扔进了东河。

凯鲁亚克

然后他把枪扔了进去。

加洛

对。

凯鲁亚克

这就是为什么我被捕了，因为我把朋友杀人的刀扔进了排水沟。所以现在那男人不得不把女孩留在身边了，因为她手里有他的把柄。

加洛

你的脑子转得像爱伦·坡一样，凯洛威。你又对了。但出于某种原因，他跟她做不成了。

凯鲁亚克

他不能跟她做爱了？

加洛

不是不能，是不想。他乞求第一任妻子跟他和好，但她不想要他，而且她已经订婚了。

凯鲁亚克

所以他又找了别的女孩。

加洛

他心里已经有了一个女孩，但她不肯跟他搞在一起，除非他彻底摆脱二号妻子。

凯鲁亚克

她不肯离婚，而出于显而易见的原因，他没法强迫她。

加洛

是的，出于显而易见的原因以及一些不那么明显的原因。他怎么做？

> 灰暗的光从窗户流泻而入。**凯鲁亚克**饮尽最后一杯，跟跟跄跄地站了起来。

凯鲁亚克

像那个聪明而癫狂的医生一样，他去河边小便，正要掏鸟出来时，醉醺醺地跟跄了一下，跌进河里溺死了。

加洛

这可不是结局。

凯鲁亚克

结尾永远是个问题，乔伊。

加洛

别喝棕色酒了，凯洛威，然后你就能活着再写一天。你看上去也在变老了。

> 凯鲁亚克向加洛半挥手，摇摇
> 晃晃地走出了餐厅。侍者过来。

侍者

再来一杯吗，加洛先生？

加洛

不用了，只要账单。

侍者

不要钱，加洛先生。

> 加洛从衣袋里掏出一卷钞票，
> 分出几张递给侍者。

加洛

这是给你的。

侍者

谢谢你，加洛先生。你的朋友会回来吗？

> 加洛又从钞票卷里分出两张，
> 放在侍者的手里。

加洛

如果他回来，就用这个为他付账。

侍者

没问题。

> **侍者**走开了。**加洛**站起来面向观众。

加洛

十年之后，就在早晨大约这个时候，科伦博家族的人会当着我的家人用枪击倒我，就在这间翁贝托蛤蜊屋。在这之前三年，在凯鲁亚克成为畅销书作家后的十二年，他就把自己喝死了。我一句话也没写过，不过我也没坐过牢。这样结尾怎么样？

剧终

软木帽

THE PITH HELMET

Writers

B. Traven

John Huston

出场人物

B. 特拉文，又名**哈尔·克罗弗斯，**作家，五十左右，出生地不详，是多部小说的作者，其中《碧血金沙》正将被拍成由亨弗莱·鲍嘉主演的故事片，也将为特拉文带来财富，令他享誉世界。

约翰·休斯顿，好莱坞导演、编剧（《马耳他之鹰》等），即将开始拍摄基于上述特拉文小说的电影。演员华特·休斯顿之子。华特将与鲍嘉共同出演（并凭借出色的表演获得奥斯卡奖）。约翰·休斯顿嗜酒、好斗、喜好女色的声名已经远播在外。

亨弗莱·鲍嘉，演员

场景

这是 1947 年。特拉文和休斯顿正打算在墨西哥城的改革宾馆首次会面。然而，特拉文却出于休斯顿不了解的原因，装扮成了特拉文的"经纪人"，哈尔·克罗弗斯。本剧设定在导演的宾馆套间内。

敲门声响。一个三十出头的瘦高男子即**约翰·休斯顿**打开了门。

休斯顿

啊，我猜是克罗弗斯先生。

特拉文／克罗弗斯进场。他穿着一件有点脏的白色运动外套和一条白裤子，戴一顶米色的软木帽。**休斯顿**衣着漫不经心，穿着休闲裤和一件开领衬衫，嘴角叼着半截没点燃的烟。**特拉文／克罗弗斯**观察过套间的前室，然后站在俯瞰改革大道的窗子边上，眼睛审视着导演。

休斯顿

现在这儿只有我一个人，如果你是在担心这个。

特拉文／克罗弗斯
（带德国口音）

我没有担心，休斯顿先生，我只是在怀疑。这不一样。

休斯顿

没什么可疑的，克罗弗斯。你想喝一杯吗？

特拉文／克罗弗斯

我跟人谈判时从不喝酒。

休斯顿

谈判的是律师，不是我们。坐下吧，行吗？我一直期待见到你，跟你聊聊。

特拉文／克罗弗斯在椅子上坐下。**休斯顿**坐在沙发上，从面前的咖啡桌上取了一瓶龙舌兰，为自己倒了酒。

休斯顿

入乡随俗 [1]。

（他啜饮了一口龙舌兰。）

现在，克罗弗斯先生，我被告知你是特拉文先生的经纪人。

特拉文／克罗弗斯

没错。

---

[1] 原文 "When in Mexico" 化用 "When in Rome, do as Romans do"，即入乡随俗。

休斯顿

为什么不摘下那顶软木帽呢？这里可没多少阳光。

特拉文／克罗弗斯

如果你不介意的话，我暂时还想继续戴着它。

休斯顿

我什么时候能见到特拉文？我有几个问题想问他。

特拉文／克罗弗斯

你可以问我，我会转达给特拉文先生[1]。如果他要回答你的问题，我可以转述他的答复。

休斯顿

你看，克罗弗斯，我不为联邦调查局工作。我只是想用特拉文的书拍一部好电影。我来是为了探讨他对我的拍摄方式有什么顾虑，并告诉他我的想法。

特拉文／克罗弗斯

特拉文先生读了你的剧本，很满意你对他的小说做了正确的解读。他曾为在墨西哥拍的几部电影写过剧本，在这类事上挺有经验。我已经表达清楚了，是特拉文先生要求你告诉我任何你想对他说的话。

---

[1] "先生"原文为西班牙语。

休斯顿喝完了酒，又给自己倒
了一杯。

休斯顿

确定你不来一杯吗，克罗弗斯先生？这可是格雷罗[1]
上好的龙舌兰。

特拉文／克罗弗斯摆手拒绝。

特拉文／克罗弗斯

我不想显得无礼或者不知感激，休斯顿先生，但我得
拒绝你这方面的热情。

休斯顿

我喜欢和我一起喝酒的男人。这是了解他的好办法。

特拉文／克罗弗斯

我没理由怀疑你肯定认识许多和你看法相同的男人。

休斯顿

还有女人。女人的问题是，喝得越多，她们就越善于
撒谎。

[1] 墨西哥南部一州。

特拉文／克罗弗斯

躺下 [1]。

休斯顿

什么意思？

特拉文／克罗弗斯

躺下。喝多了，她们就躺下了。你是这个意思吗，休斯顿先生？

休斯顿大笑。

休斯顿

你挺聪明，克罗弗斯。特拉文有你这么聪明吗？

特拉文／克罗弗斯

特拉文先生是个人道主义者。他想通过他的书揭露贪婪、敛财终是虚妄，从而消除由剥削平民造成的不必要的痛苦。

休斯顿

你确定不喝点吗，克罗弗斯先生？这样更容易咽下你

---

[1] 此处原文为"Down"，紧接着上一句末尾的"lie"（撒谎），意为"躺下"。特拉文利用了"lie"的一词多义，即"撒谎"和"躺"。

的沃布利 [1] 信条。

特拉文 / 克罗弗斯摇头拒绝。

休斯顿

我们来谈谈《碧血金沙》。我的看法是，霍华德，那个老男人，他是事情的中心。他想变得富有但他不贪婪，柯廷也不贪，尽管他能被操纵。多布斯缺乏个性，相应的，也没有自信，所以他很危险。特拉文想让霍华德维护和平，但只到某个临界点。他见得太多了，知道有时能解开僵局的只有枪杆子，就像戈林那句关于文化的名言。要么这样，要么就是落荒而逃，趁着还能逃的时候。

特拉文 / 克罗弗斯

你一点也不掩饰你的愤世嫉俗，休斯顿先生，我喜欢。我相信戈林先生 [2] 的原话是："一听到文化这个词，我就掏卢杰手枪。"

休斯顿

叫我约翰，拜托了。我的父亲——顺便一提，他已经

[1] Wobbly，即世界产业工人联合会（Industrial Workers of the World，简称 IWW）成员的外号。关于这个外号的来源众说纷纭，没有定论。
[2] "先生"原文为德语。

答应出演老霍华德一角，不戴假牙——在我小时候告诉我，在文明人之中，室内戴帽子是不礼貌的。

特拉文／克罗弗斯
啊，我的软木帽惹恼了你，是吗？

休斯顿
软木帽没有惹恼我，但你在我们说话时戴着它惹恼了我。

特拉文／克罗弗斯摘下软木帽，放在他旁边的椅子上。

休斯顿
我想特拉文是德国人。

特拉文／克罗弗斯
他出生在芝加哥，父母是挪威人。他在墨西哥住了很多年了。

休斯顿
为什么？

特拉文／克罗弗斯
你去过芝加哥吗，休斯顿先生？

休斯顿

去过。

特拉文／克罗弗斯

那你就知道那儿特别冷。特拉文先生偏好墨西哥的气候。

休斯顿

而你，克罗弗斯。你说英语带着德国口音。

特拉文／克罗弗斯

我的父母来自战时波兰的被占领区。他们是日耳曼族，
在家里说德语。德语是我的第一语言。

休斯顿

你怎么认识特拉文的？

特拉文／克罗弗斯

很偶然的机会。但这不是我们会面的重点，休斯顿先
生。特拉文先生希望我在拍摄过程中充当场边顾问。
我确信这是他与华纳兄弟签订的合同里的条款。你们
计划什么时候开拍？

休斯顿

下周。主演大都已经到了，后天我们会做一次彩排。

特拉文／克罗弗斯

特拉文先生很高兴将由加夫列尔·菲格罗亚[1]担任摄影指导。你肯定知道他们合作过，是亲密的朋友。

休斯顿

我知道。那么好吧，克罗弗斯。

（**休斯顿**站起来。）

我想我们今天可以结束了。我会让助手联系你，告知拍摄日程。我和加夫[2]今晚要去坦皮科[3]。

特拉文／克罗弗斯起立，与**休斯顿**握手。

特拉文／克罗弗斯

很高兴见到你。

休斯顿

我也一样。代我向特拉文问好。他写了本好书。我希望我能拍好它。

特拉文／克罗弗斯离开。休斯

---

[1] 加夫列尔·菲格罗亚（1907—1997），墨西哥电影摄影师。
[2] 加夫列尔的昵称。
[3] 位于墨西哥湾畔塔毛利帕斯州的重要经济城市。

顿又为自己倒了一杯龙舌兰，
还没喝上，就听到有人敲门。

休斯顿

请进!

亨弗莱·鲍嘉进场，四处张望。

鲍嘉

克罗弗斯走了?

休斯顿

刚走。

（他喝下龙舌兰，举起玻璃杯。）

你想来一口吗?

鲍嘉

当然，只要不花我的钱。

休斯顿给两人倒酒。递了一杯
给鲍嘉。

休斯顿

你已经进入角色了。

鲍嘉

我喜欢多布斯。他不会掩饰真实感受。

休斯顿

圣人与我们同在。

（两人喝酒。）

鲍嘉

那么，约翰，跟克罗弗斯谈得怎样？

休斯顿

他是个德国佬。他是特拉文。

鲍嘉

是吗？为什么要掩饰身份？

休斯顿

我们以后可能会知道。他会跟我们一起参加拍摄。

鲍嘉

噢，妙极了。如果他不喜欢他看见的内容怎么办？

休斯顿

我不能赶他走。他的合约里写着呢。

鲍嘉

杰克·华纳真是傻子，竟然同意了。

休斯顿

别担心，菲格罗亚会搞定他的。如果他不行，我就亮出手枪。

鲍嘉

安·谢里登[1] 刚到。

休斯顿

他们把她安置在哪儿？

鲍嘉

这儿，就在改革宾馆。在我走廊对面的房间。

休斯顿拿起剩下的半瓶龙舌兰朝门口走去。

休斯顿

我们去欢迎她吧。

鲍嘉

她从来就不是那类女孩，约翰。

---

[1] 安·谢里登（1915—1967），美国女演员、歌手。

休斯顿

你多久没见过她了？

鲍嘉

几年了。

休斯顿

好吧，鲍基[1]，几年间可能发生很多事，改变一个人。

鲍嘉

趁你开始到处亮枪之前，让我先离开这儿。

休斯顿开门，鲍嘉下场。休斯顿正要跟上，却被一样东西吸引了眼球：**特拉文／克罗弗斯**留在椅子上的软木帽。休斯顿走过去，拾起帽子戴在头上。他走出门去。

剧终

---

[1] 鲍嘉的昵称。

被放逐的伊克西翁

IXION IN EXILE

Albert Camus.

出场人物

阿尔贝·加缪，法国作家，46 岁,《局外人》的作者，
　　因其反对死刑的文章闻名
皮克西，一个年轻妓女

场景

1959 年夏天，纽约市内的一个宾馆房间。

> **皮克西** 坐在床沿，穿长筒袜。
> 除此之外，她一丝不挂。**加缪**
> 躺在床上抽烟，也是赤身裸体。

皮克西

我可以，我会自己拉下那个该死的开关。那个男人那样对我，活该被电死两次。

加缪

是的，皮克西，我理解你的感受。但却是国家成了执行刑罚的机器。

皮克西

你的意思是我做就没问题，对吗？不让国家插手。

加缪

不，皮克西。如果是在情绪失控时犯下罪行，在被虐打、害怕丧命、为了自卫而杀人，或者是长时间遭到虐待，哪怕是精神虐待后犯罪，我们可以依法立案为这行为辩护。但国家无权充当刽子手。

皮克西
（继续穿衣）

我高兴把那个狗娘养的烧焦。我高兴不管是谁来做，只要多尔西死。

加缪

他是今晚执行死刑吗？

皮克西

今晚午夜。

（她看了一眼床头柜上的钟。）

现在还有三十二分钟。你准备好再来一次吗？加二十，给你口交一次。

加缪

不用了，谢谢 [1]，皮克西。我很满足了。

（他用旧烟头又点了一支烟。）

皮克西穿好了衣服。她在门边逗留，回头看着**加缪**。

皮克西

你是好人，加姆—尤先生。不是所有法国人都这么好，你知道的。

加缪

谢谢你，皮克西。我会深情地想念你。

---

[1] "谢谢"原文为法语。

皮克西

现在就再见了。在纽约要小心。不注意就危险。

加缪

我会的。晚安。

> **皮克西**离场。**加缪**抽了会烟，
> 然后起床，看着梳妆台上方的
> 镜子。

加缪
（对着镜中的影像）

你是谁，凭什么去告诉任何人应该怎样思考，怎样感受？不仅对别人，你对自己也总是撒谎。这就是为什么你要写小说和散文，躲在普鲁斯特的格言"文学是最精致的谎言"背后。你不能停止撒谎。对你来说，这让生活变得尚可忍受。你蠢到以为自己能理解皮克西。去跟你不能理解的人讲道理，不仅傲慢而且荒谬。这是萨特的痼疾。继续撒谎是你唯一的选择，所以最好擅长撒谎。

> 电话响了。**加缪**接了起来。

加缪

你好。

（暂停片刻）

不，他不在这儿。他从来没来过，他不存在。我的名字叫多尔西，我来行吗？

剧终

阿尔格伦的地狱

ALGREN'S INFERNO

Writers

nelson Algren
1949

出场人物

纳尔逊·阿尔格伦，作家，《金臂人》的作者。他时
　　年四十六岁，前一晚刚刚完成了小说《漫步荒野》。
多洛雷斯·罗恩索姆·桑德[1]，五十二岁，混有非裔
　　美国人和美国土著血统，曾是瘾君子、酒鬼，如
　　今在位于这座城市贫民窟西麦迪逊大街的临街教
　　堂"上帝的天堂"担任牧师。

场景

芝加哥，1955 年。阿尔格伦和多洛雷斯·罗恩索姆·桑
德站在西麦迪逊大街"上帝的天堂"门前。冬日的下
午将尽；两人对话时，天空不断变暗。

[1] "罗恩索姆·桑德"原文是"Lonesome Sound"，
　有"孤声"之意。

纳尔逊

多洛雷斯，我希望你不介意我在新小说的标题里引用你的一段布道。

多洛雷斯

不，孩子，当然不。我说的是什么？

纳尔逊

你在说你的羊群，召集在荒野上行走的人准备进入上帝的天堂。

多洛雷斯

噢，是的。是的，纳尔逊，这些人堕落得如此之深，除泥淖以外无处可去。像我这样的人，我曾经也是这样，还没彻底消失，但被除了主以外的世界遗忘。你可以引用这话，只要是为了行善。书里有轻率的行为吗？

纳尔逊

谈不上。只有酗酒、吸毒、嫖娼、斗殴，用来说明无助的个体怎样走向崩溃。

多洛雷斯

漂泊无依。你怎样描写这些惊惧的灵魂？

纳尔逊

罗恩索姆·桑德牧师，我写自己看见的，大多数小说家忽视的，作家自己去揭的那种小伤疤，小到不值一提。我在睡梦中听到我的角色哭泣。

多洛雷斯

你是个正直的人，纳尔逊，而且你擅长运用文字。

纳尔逊

正直，也许吧，但从不道貌岸然。我不会躲避恐惧。

多洛雷斯

无处可躲。你还记得那位"走在上帝身后的"罗兰先生吗，跟我一样有波塔瓦托米[1]血统的？他前天晚上去世了。

纳尔逊

当然，我在本辛格球馆跟他一起打过台球。

多洛雷斯

俩流氓抢了他，他回击了，其中一个把他打得脑袋开了花，留他在洛瑟斯巷失血致死。马勒警官今早上告诉我的。是特威斯蒂小姐在那边打吃磴[2]的时候

---

[1] 北美印第安部落。
[2] 一种牌类游戏。

发现的尸体。[1]

纳尔逊

这就是让我难过的，多洛雷斯，我写出这些悲伤和恶行并没有什么用。它不能改变人们对待彼此的方式，也不能打动那些权贵，让他们去改善穷人的生活。至少你还给了他们一碗番茄汤。

多洛雷斯

还有耶稣的友谊。你是个好作家吧，纳尔逊？

纳尔逊

东方的一些思想家曾经觉得我很好。如今他们拿我没什么用了，所以我的声名下滑了。

多洛雷斯

这儿的大多数人从来没有过声名，没有回家的方向，没有家，哪怕他们有车费。你进来喝口汤取暖吗？

纳尔逊

不，谢谢你，多洛雷斯，但我的牌友们要开个小派对庆祝我写完小说。

---

[1] 本章姓名、地名等似都有内涵。比如"Losers Alley"中的"losers"有失败者的含义；"Miss Twisty"的"twisty"意为弯曲的、狡猾的。这里牧师的语言风格有所变化，与前文规范的布道语言不同，更具有草根特点，与牧师之前的经历相照应。

多洛雷斯

上帝的天堂对所有人开放，纳尔逊，信徒和非信徒都
是。现在你保重吧。

> **多洛雷斯**转身走进"上帝的天
> 堂"。现在舞台几乎完全在黑
> 暗之中。**纳尔逊**点了一支烟。

纳尔逊

在新奥尔良，我遇上一个妓女，她在她的肚脐眼和阴
部之间纹了几个字："汝等入此门者，将弃绝希望。"[1]
她告诉我她在德克萨斯大学拿过欧洲文学的学位。

> 暗场。我们看见的最后一点亮
> 光是**纳尔逊**的烟头。

剧终

---

[1] 但丁的《神曲·地狱篇》。

阿蒂尔·兰波的遗言

THE LAST WORDS OF
ARTHUR RIMBAUD

Writers

Rimbaud shortly before
his death — after a sketch
by his sister, Isabelle

地点：法国马赛圣母无染原罪医院。

时间：1891 年 11 月 9 日。兰波去世前一天。

三十七岁的诗人、探险家**阿蒂尔·兰波**躺在医院病床上奄奄一息。他时而清醒，时而昏迷，在疼痛中说着胡话。他的右腿因为长了恶性肿瘤已被截肢。

他身旁是他三十一岁的妹妹**伊莎贝尔·兰波**。床边蜡烛环绕，原本黑暗的房间里闪烁着微光。

阿蒂尔

告诉他们，告诉他们……说我已经彻底瘫痪了，是的，所以我希望早些启程。请告诉我，我什么时候才会被抬上船？

伊莎贝尔

我可怜的阿蒂尔，你不可能再上路了。你不能移动。

阿蒂尔

我要回哈拉尔[1]，回到迪亚米身边，他在等我。我回归时会带着铁铸的肢体、黝黑的皮肤和愤怒的双眼。有了这张面具，人们会认为我是一个坚毅种族的子孙。

---

[1] 埃塞俄比亚城市。

伊莎贝尔

忘记迪亚米，忘了他吧。我在这儿，我是你的妹妹伊莎贝尔。想想我，还有我们的母亲，这些最爱你的人。

阿蒂尔

我的名字镌刻在卢克索[1]的石块上，唯有风沙能将它抹去。告诉迪亚米我来了，我很快就会再见到他。我仅有的朋友，我唯一的朋友。

伊莎贝尔

迪亚米帮不了你，阿蒂尔。那男孩远在阿比西尼亚[2]。他可能已经死了。

阿蒂尔

给他寄钱过去，三千法郎。告诉他，爱他的主人请求他妥善使用这些钱，谨慎地投资到能确保收益的生意里。告诉他别游手好闲。他的妻子和孩子必须过上富裕的生活。

伊莎贝尔

阿蒂尔，求你了。忘记非洲吧。

---

[1] 埃及城市，以卢克索神庙闻名。
[2] 埃塞俄比亚的前身。

阿蒂尔

迪亚米和我……两个鬼魂……游走在稀薄的空气中。太阳之子。

伊莎贝尔

这些年远离法国，热气把你的脑子烤糊涂了。

阿蒂尔

来复枪，两千零四十支，每支十五玛丽·特雷莎塔勒[1]。六万颗雷明顿子弹，六十塔勒[2]一千颗。价值五千八百塔勒的各种工具。马队总价值四万。五十天送到曼涅里克[3]面前，我们一到国王就付账。我们从塔朱拉[4]出发。象牙，麝香，金子。绍阿[5]人会要我们的睾丸！法国睾丸。哈拉尔到安托托[6]，二十天。避开丹卡里[7]人，邪恶的野人。六万塔勒，在亚丁[8]交换，4.3法郎，共计258000法郎。咖啡或者奴隶。不要

[1] 当时通行于欧洲、沙特、也门、埃塞俄比亚等国的贸易货币。
[2] 即玛丽·特蕾莎塔勒。
[3] 曼涅里克二世（1844—1913），绍阿国王，埃塞俄比亚皇帝，兰波曾向他贩卖军火。
[4] 东非国家吉布提城市，塔朱拉州首府。
[5] 埃塞俄比亚历史上的区域，曾为自治王国，为今首都亚的斯亚贝巴所在区域。
[6] 绍阿国地名。
[7] 东非红海畔国家厄立特里亚历史上的一个省（1996年前）。
[8] 也门城市，亚丁省首府。

埃及皮阿斯特[1]。马队在吉布提[2]集合。我娶了那个索马里[3]女孩吗？她回去了，迪亚米把她送走了。不是我下的命令。把迪亚米找来，快！我的腿，在见酋长之前必须休息下我的腿。土耳其人和大炮。

伊莎贝尔

（祈祷）

噢，主啊，我哭了！主啊，平息他的痛苦吧。帮他承受苦难。请怜悯我的哥哥，他可怜的灵魂正在人间痛苦地翻滚。请怜悯他，带走他，噢，主啊。你那么仁慈，那么慈悲。

阿蒂尔

鬣狗嘲笑我们。它们的嘲笑让我们保持清醒。嗅着我的伤口。诗歌从裂开的伤口倾倒而出，词语飞溅，直到一滴也不剩。我被清空，我逃跑了。迪亚米，你的体温。她远去了，主人，去了巴拉比尔[4]。远去，远去。还有应收款项，去不了那儿。生意。被曼涅里克骗了，狡猾，狡猾。《埃及的博斯普鲁斯》[5]，我的箱子。衣衫褴褛，肮脏的破烂，不是法国公民该有的

---

[1] 埃及货币。
[2] 非洲地名，吉布提共和国北接厄立特里亚，西边与南边临埃塞俄比亚，东南边与索马里接壤。
[3] 东非国家，北临亚丁湾，面向印度洋。
[4] 沙特阿拉伯村庄。
[5] 1878—1895 年发行的日报，兰波曾在上面发表过对非洲的考察记录。

样子。死在我出生前，过世的阿蒂尔·兰波。我曾经
被生活噬咬却活了下来。可怕的两年，不值一看。

伊莎贝尔

阿蒂尔，你还认得我吗？你还认得你的妹妹，你最小
的妹妹伊莎贝尔吗？你能感觉到我的力量、我的爱
吗？主的爱流过我的体内。

阿蒂尔

我看见你了，我的天使。带来幸福的天使。

伊莎贝尔

噢，是的！阿蒂尔！我是！你的天使。噢，感谢你，
主，你带回了我的哥哥，在他还没……还没……

阿蒂尔

在他死前。在过世的阿蒂尔·兰波死前。

伊莎贝尔

不，也许你能活下去！主是仁慈的，他能治愈你。

阿蒂尔

那时我们会去散步，你和我，在哈拉尔附近，等我的
新腿装上了，我的义肢。你不会相信有那样的色彩！
还有亚丁，我们可以去亚丁。我在那儿能做好安排，

给南部的武器。告诉迪亚米，我的人，我在世界上仅有的兄弟，我已经在路上了！我来时会带着围巾上的雪，还有阿登[1]的鲜花，他从没见过的东西！在港口烧起来之前叫醒我。我们的船离港后，它会烧起来，我们会在甲板上眺望那火焰，一边消失在地平线上，一场火焰胜景，我们的诀别。

伊莎贝尔

阿蒂尔，阿蒂尔！你走了吗？

阿蒂尔

船帆……黄的，红的……大海。

剧终

---

[1] 欧洲地区，位于比利时、卢森堡、法国、德国交界处，以地势崎岖、森林覆盖闻名。

俨乎其然

SERIOUS ENOUGH

Writers

Jane Bowles

Certainly I am nearer to becoming
a saint ...

出场人物

简·鲍尔斯，四十五岁，小说《两位严肃的女士》和
　　剧本《在夏屋中》的作者
布伦达，一个衣着光鲜的中老年女人
酒保
一个男子

场景

1962 年十二月，纽约市斯坦霍普宾馆酒吧。

简·鲍尔斯走进装饰典雅的酒吧坐下。斯坦霍普是家一流的宾馆。她脱下手套，解开大衣，摘掉帽子，露出剪短的深色乱发。她冷得瑟瑟发抖。隔着几张凳子坐着**布伦达**，正用长烟嘴抽着烟，啜饮一杯马丁尼。这是在下午三四点钟，她们是酒吧里仅有的顾客。**酒保**向**简**走来。

酒保

我能为你服务吗，女士？

简

我想是的。

（指布伦达的杯子）

她在喝什么？

酒保

皇家卫士马丁尼，不加冰，两枚橄榄。

简犹豫了。

酒保

英国琴酒。很干。

简

好的，我就喝那个。

酒保走开了。

简
（对**布伦达**说）

你好，我叫简。

布伦达

我叫布伦达。

简
（还在发抖）

我已经不习惯冷了。我在这儿长大，但是已经两年没
回过纽约了。

布伦达

你住在佛罗里达？

简

噢,不,佛罗里达是个可怕的地方。我的母亲住在那儿。

我住在摩洛哥的丹吉尔。

布伦达
你离家真远啊。我从没到过北非。你在那儿做什么工作？

简
噢，我写作，跟当地人混在一起。我的丈夫也写作，他还创作音乐。我们现在在纽约是因为他有项为百老汇剧目作曲的工作。他叫保罗。我的母亲和姐妹之前还在这儿，从佛罗里达过来看我。她们今早走了，谢天谢地。我们相处得不好，糟透了。你的母亲还在世吗？

布伦达
不在了。

简
那你就少了一桩烦恼。

酒保端来了简的酒。

酒保
一杯皇家卫士马丁尼，不加冰，两枚橄榄。

他走开了。**简**将杯子举到唇边。

布伦达

别喝太快。很凉。

简

多谢提醒。

她试探地呷了一口。

简

噢，你说得对。

（再次发抖）

布伦达

你写什么类型的作品，简？

简

短篇小说，还有一部剧。现在我正在尝试写一本长篇小说。

布伦达

你想好书名了吗？我经常因为喜欢书名而买下一本书。

简

《三位严肃的女士》，或者可能只是《两位严肃的女士》。我还没决定下来。你觉得好吗，布伦达？书名，我是说。你会被它吸引去买书吗？

布伦达

我不确定。也许吧，如果封面吸引我的话。这两位或者三位女士有多严肃？

简

够严肃了。每一位都在寻找最好的生活方式。还有最好的生活伴侣，如果有的话。你住在哪儿？

布伦达

我们不都是这样吗？我住在这儿，在斯坦霍普。

简

我在纽约时喜欢到这儿来。查理·帕克[1]死在这家宾馆。你知道吗？在一个富有的女继承人住的套房里。

布伦达

女男爵。是的，我知道她。那个音乐家死后，她就搬去了新泽西。

简

他和他的朋友迪齐·吉莱斯皮创造了博普爵士。你喜

---

[1] 查理·帕克（1920—1955），美国爵士乐萨克斯风乐手、作曲家。

欢爵士乐吗？我的丈夫痛恨这个。噢，对不起，我一直在问你问题。

布伦达

喝下你的马丁尼，简。你不会想让酒过分冷却。

简和**布伦达**都喝酒。

简

你喜欢男人还是女人，布伦达？我说的是跟谁睡。

布伦达

（大笑）

我和霍拉迪奥睡。他不会动。

简瞪着她。

布伦达

我的贵宾犬。

布伦达示意酒保，后者过来向**布伦达**递上账单，她签了字，站起来。**酒保**拾起账单走了。

布伦达

和你聊天很有趣，简。我会去找你的长篇小说。

简

噢，得过一段时间才能出版呢。当然，前提是我能为它找到出版商。目前为止，只有一个人读过我写的内容，他说它非正统，让人不安。

布伦达

难道还有别的可能吗？祝你好运，简。

> **布伦达**离开酒吧。**简**看着她走，然后紧张地环视四周，举起酒杯，一口喝干了剩下的马丁尼。

简

酒保！噢，酒保！

> 他走过来。

简

很多女人独自住在这个宾馆里吗？

酒保

有几个吧。你还想要一杯马丁尼吗？

简

我今天下午约了一位心理医生。你觉得我应该这样做吗？

酒保

我没法回答这个问题，女士。

简

我不是酗酒的人。我打赌只要人往吧台一坐，你就能一眼看出他们是不是酗酒吧？

> 一个男子走进来，在吧台的另一端坐下。

酒保
（对简说）

请原谅，女士。我会回来的。

> 他走开去侍候那个男子。简戴上手套，从杯子上取一枚橄榄吃了，然后吃了另外一枚。她戴上帽子。

简

如果我不能严肃地对待自己，凭什么期待别人这样做？

她抄起杯子，举到身前。

简

酒保！请来一杯马丁尼，不加冰，两枚橄榄！

剧终

囚徒

THE CAPTIVE

Writers

Proust on his deathbed

出场人物

马塞尔·普鲁斯特，作家，划时代长篇小说《追忆似水年华》的作者

死亡天使，女性，身着连帽黑斗篷

场景

1922 年，法国巴黎，马塞尔·普鲁斯特的卧室。他躺在床上，行将就木。房间内装饰奢华，尽管显得拥挤，有些装饰过度；幽闭、压抑的氛围。

普鲁斯特躺在床上，床边到处是他长篇巨作散乱的校样。他正在修改一本名为《女囚》的书。

普鲁斯特

噢，太痛苦了！知道我就快死了，这本身就已经够糟了，但更糟的是我的书再也完不成了。我几乎不能呼吸，现在却在这儿琢磨我的措辞——阿尔贝蒂娜的措辞——关于肛交。当然，她必须隐晦，甚至满不情愿地指代这事。她不能直接说出来，"让我打破瓶子"[1]。我宾馆里那些男孩都不会用这样一个词。不，她必须无意中说出"屁眼"这个词，好像她在跟一个女性朋友交谈，她立即感到羞愧，因为自己在我——叙述者——跟前提到了这种行为。好了，我能改好它。

普鲁斯特在面前的纸上划掉几个字，又写上了几个字。

好了，完成了！我想我快死了，也永远不会知道这个净化过的句子能不能存活下来。

卧室的门突然开了，死亡天

[1] "让我打破瓶子"原文为法语。

使出现在门口。她是一个年龄不明的女性，正舒展着大斗篷上的褶皱，像一只孔雀在炫耀翅膀和尾巴。**普鲁斯特**从手稿间抬起头，看见了她。

普鲁斯特

不，不，还不到时候！我还没有修改好我的大作。

天使

（朝床边走去）

别以为我是傻瓜，马塞尔。你管它叫你的大作。关于禽屁股的胡言乱语。强迫阿尔贝蒂娜谈论你最爱的活动，弓下腰来款待街头男孩们的硬家伙。

普鲁斯特

他们赚了不少钱！没人抱怨。

天使

那让他们去用帽针刺活老鼠，你一边看一边自慰呢？

普鲁斯特

如果有人拒绝，他们不会受到胁迫。

天使

那样他们也就赚不了钱。也不会再受到邀请。

普鲁斯特

为什么要为他不愿意做的事情付钱?

天使

我想你认为自己会进入天堂?

普鲁斯特

如果有这样一个地方,无疑它会是非犹太白人专用。

天使

如果真有天堂和地狱这样的地方,你的犹太人身份不会决定你的命运。你是自身意志的囚徒。

普鲁斯特

放过我吧,可以吗?我想把这里搞定。这部小说是我唯一能留给后代的东西。

天使

你和我都知道你从来没想要完成它。

普鲁斯特

我想让它完美。这要求太过分了吗?

天使

是的。

> **普鲁斯特**又写了一点后放下笔，重新躺回枕头上，闭上眼睛。

普鲁斯特

我一直以为我会是例外。

> **天使**用她的斗篷罩住**普鲁斯特**。

剧终

伟大的真正考验

THE TRUE TEST OF GREATNESS

Writers

melville

赫尔曼·梅尔维尔，《白鲸》《比利·巴德》等书的
　　作者
一个警察

场景

1888 年 10 月 18 日，梅尔维尔走在纽约市水滨的码头
上。夜幕已经降临。他停下来望着哈德逊河。梅尔维
尔穿着一件长大衣，戴着一顶帽子。一个穿制服的警
察走近他。

警察

我们都是出来散步的，是吗？

梅尔维尔

我刚下班。看看河水有助于清空头脑。

警察

你在哪儿工作？

梅尔维尔

海关。我是一名职员。

警察

我想我不会喜欢整天关在办公室里。我宁可去巡逻。

梅尔维尔

我也不是一直在办公桌旁。我成为作家以前是个商船海员。

警察

作家？我以为你在海关工作。

梅尔维尔

我是在那儿工作。在那之前我写故事，小说。再之前我航海。

警察

我读得不多，除了报纸。写过受欢迎的作品吗？

梅尔维尔

早年写过。《欧穆》和《泰皮》。只要坚持写冒险故事，我写得挺好，过得不错，足够养活一家人。接着我犯了终身大错。

警察

我希望你没杀人。

梅尔维尔

我杀了。三十七年前的今天，1851 年 10 月 18 日，我谋杀了赫尔曼·梅尔维尔。

警察

他是谁？

梅尔维尔

我告诉你的那个作家，许多少年航海故事的作者。

警察

什么？

梅尔维尔

我自己，我杀了自己，我曾相信读者知道我会带他们去哪儿。他们跳船了，出版商认为我疯了。霍桑也这么想。

警察

这就是为什么你现在在这儿工作？

梅尔维尔

在海关总比在济贫院好。

警察

为政府工作并不犯法。实际上非常光荣。

梅尔维尔

在有的人眼里，荣誉本身可能就等同于罪行。

警察

我不知道自己能否判断出你的意思，先生。

梅尔维尔

这是问题的核心，长官。意义取决于谁在做出判断。

警察

我该继续往前走了。你不会想着做什么傻事吧，会吗？

梅尔维尔

虽然我昏昏欲睡[1]，我还不敢。如果我学到了什么，那就是比起人心可能拥有的整个天堂的显露，在自我和思想讳莫如深的秘密里有更多的力与美。

警察

那么，我要说晚安，先生。

警察走开。

梅尔维尔
（对河）

在泥泞的杂草将我缠绕以前，我会说出口：我没疯。

剧终

---

[1] 照应本篇最后一句，"我昏昏欲睡，泥泞的杂草将我缠绕"。诗句出自梅尔维尔《戴手铐的比利》。

诀别书

FAREWELL LETTER

Writers

Baudelaire at the
Hôtel Lauzun

Jeanne Duval
after Baudelaire
by BG 23.11.84

出场人物

夏尔·波德莱尔，法国诗人，最著名的《恶之花》的
　　作者。他此时二十三岁。
让娜·杜瓦尔的声音，一位女演员

场景

1844 年，巴黎，波德莱尔的工作室

波德莱尔走进他的公寓，看见从门缝里塞进来的一封写给他的信。他捡起信，打开信封，取出信纸并在桌旁坐下。他读信时，我们听到**让娜·杜瓦尔的声音**朗诵信的内容。

让娜·杜瓦尔的声音

夏尔，你从一开始就总是
逗得我大笑。送花到我那
万神庙剧院的化妆间，仿佛
我是一个真正的女演员
而不只是一个小妞
笃笃地跑出来一小会儿，穿着暴露的
戏服
来让男孩们的鸡巴勃起。
你有钱，你迷人
而彬彬有礼。你好像浑然不在意
我的黑皮肤。
当我们一同走进咖啡馆
你像一只骄傲的雄鹿带着他的雌鹿。所有的
眼光都在我们身上，我们穿过人群时，
你待我如同高贵的女士；你
拥有最精致的礼仪。
你为我买下的公寓

装饰精美。

它像哈里发的闺房。你要是

哈里发就好了！

这会让我的妓女身份

更为合宜。昂贵的妓女

比别的同行长寿。

纳达尔比你早认识我，是的，

邦维尔也是。

当你第一次带我走进洛赞酒店的套房我假装

从没去过那儿。

但我去过，几次，和不同的男人一起，

他们知道怎样满足一个女人，

和他们自己。

你为自己创造了我，只作为一个物品，

一座石像，让你视作理想

然后假装崇拜，不断

折磨自己。真是疯狂！

我是个婊子，是的，也许更糟；还是

一个醉鬼。但我是真实的！我存在于此时此地，

不是别的地方，永远不会。

你对女人的依赖，像对吕谢特

和莫里斯夫人，阻碍了你的成长。

她们鼓励你无能。

"我的吸血鬼！"你这样叫我。这是你

想要的，乞讨的，要求的。

只有残忍能

说服你。残忍是

消耗灵魂的差事，这件事

没你想象的那样

令我愉快。

我因疲惫而恳求告退，夏尔。

我将自己从对你的义务中解脱。

我的爱，诗歌也无能为力。

让娜

波德莱尔将信放在桌上。

波德莱尔

于是我咎由自取。花瓣绽开

来揭露恶之花。这还是从前的我，

由始至终，当然了，

一个由头来发泄我仓促的怒火。

噢，死亡，老船长，我该不该白费

我的呼吸，当我们会面的时机未至？

还有什么好做，除了将美向绝望唾弃？

剧终

无足轻重的人

THE NOBODY

Writers

Emily Dickinson

出场人物

埃米莉·狄金森，五十一岁，未发表过作品的诗人
拉维尼娅，她的妹妹

场景

1882 年，马萨诸塞州阿姆赫斯特，狄金森家的客厅。
狄金森姐妹俩坐在桌边喝茶。

拉维尼娅

也许现在我们能更亲密。

埃米莉

你说的"现在"是什么意思？

拉维尼娅

现在母亲去世了，我们在一起生活。

埃米莉

这两者毫无关系。

拉维尼娅

毕竟我们是姐妹啊。

埃米莉

求你了，拉维尼娅。为什么突然有这样的愿望？

拉维尼娅

但我爱你，埃米莉。

埃米莉

拉维尼娅，爱的考验是死亡。

拉维尼娅

为什么这么粗暴？我是在尝试……

埃米莉

别试。

拉维尼娅

你曾经对我挺好，在你去华盛顿见父亲之前，那时他还在国会。那之后，在你的……费城小插曲之后，你就变了。

埃米莉

那时我二十三岁。

拉维尼娅

三十年前。

埃米莉

二十八。

拉维尼娅

你不能跟我说说他吗，埃米莉？到底发生了什么？他也是个诗人吧，不是吗？我知道他是个牧师，结婚了。

埃米莉

你从哪儿得来这些信息的？

拉维尼娅

关于他，从苏珊那儿。关于你，我自己的经验。

埃米莉

我们的嫂子曾经也能保守秘密。现在她的心再也不能控制她的头脑了。她的头脑控制了她的心。

拉维尼娅

她和奥斯汀都很关心你的幸福。

埃米莉

为什么？我只是个无足轻重的人。你是谁？你不也是个无足轻重的人吗？

拉维尼娅

你害怕想起，是不是？那个改变一生的瞬间。

埃米莉

你认为我可能成为她吗？你想象中的那个我？

拉维尼娅

我在等她显现自己。

埃米莉

只要她耐心等待，万物必不亏欠。唉，别让它们到来，直到经过珍珠门前。

拉维尼娅

你一直像个谜。

埃米莉

拉维尼娅，什么让你最开心？知道我是不是在二十三岁的年纪，让一个比我年长的已婚男人——一个牧师——采下了我这朵鲜花？

拉维尼娅

你确实经常写花。

埃米莉

廿八岁以后，我便再无烦忧。

埃米莉起身开始走动，然后倒在地上。**拉维尼娅**急忙过去跪在**埃米莉**身旁。

拉维尼娅

原谅我，姐姐。我再也不会提这件事了。

埃米莉

噢，拉维尼娅，没关系。我身上什么都没发生，这就是曾发生的事。

埃米莉站了起来。拉维尼娅站在旁边。

拉维尼娅

我身上也没有发生过什么。我们很幸运，埃米莉，难道不是吗？避免了一切。

埃米莉

确实避免了一切，拉维尼娅，我们可以肯定，以后也将不会发生。

她们拥抱。

剧终

后记

AFTER WORDS

Writers

Borges

Roberto Bolaño

出场人物

豪尔赫·路易斯·博尔赫斯，在世时（1899—1986）
　　是阿根廷作家，现为鬼魂
罗贝托·博拉尼奥，住在西班牙的智利作家，四十九岁

场景

2001 年，西班牙布拉内斯，博拉尼奥在其住所附近的
海滩上散步。他在抽烟。他听见身后传来一个声音，
停了下来。

博尔赫斯

据我所知，你正在用一种文学的形式假冒我。

博拉尼奥转身看见**豪尔赫·路
易斯·博尔赫斯**的鬼魂。

博拉尼奥

这不可能。你已经死了。

博尔赫斯

你也快死了。很快，医生是这么告诉你的。这就是为
什么我选择这个时候来跟你对质，趁你还有时间承认。

博拉尼奥

你可以等的，不是吗？等到我们都是鬼魂的时候。

博尔赫斯

你不知道要找到另一个幽灵有多难。我找了梅尔维尔
很多年却一无所获。不过告诉我，你这种强迫症是出
于尊敬，还是说你在我的文集上寄生？

博拉尼奥

你很聪明地区分了文集和尸体[1]。你作品的躯体，而

---

[1] 文集（corpus）又有躯体之意，与尸体（corpse）
拼写和词义相近。

不是你自己的尸体。

博尔赫斯

这不算什么。在准确用词这件事上，我从不偷懒。这是我军火库里的导弹。

博拉尼奥

我猜你在说我的短篇《无法忍受的加乌乔牧人》。如果不是《南方》这个你自称最喜欢的作品，就不会有现代拉美文学了。

博尔赫斯

我不谦虚地表示赞成。

（他微微欠身。）

博拉尼奥

我每次提笔都在向你致敬。我喜欢想象你监督我。实际上，我不介意你在每次看见我出错时出言警告。

博尔赫斯

我是瞎子，博拉尼奥。我看不见你在写什么。只有在一个至交友人对我朗读过书报以后，我才能做出判断。我的写作方式对你的散文和小说写作都有影响。

博拉尼奥

博尔赫斯先生[1]，我向你保证我的初衷光明磊落。当然我有时写得不好，别的时候却不那么差。我有时过于伤感、啰嗦、失控、无知，甚至心胸狭窄。毕竟我得谋生。我要养活妻子和两个孩子。

博尔赫斯

我喜欢你写的关于屠格涅夫的内容。我死后不久就遇上了他。他告诉我他特别喜欢我的故事《博闻强识的弗内斯》，还邀请我参加俄法作家每晚的皮纳克尔游戏。我当然拒绝了，但我构思了一个故事，关于黑桃王后和方块杰克的单相思，结局是坏的。皮纳克尔理论上很有趣，就算仅仅是因为只使用比8大的牌，8是竖直摆放的无穷[2]。

博拉尼奥

你回应屠格涅夫的恭维没有？

博尔赫斯

我说我认为他的《鲁金》写得不成功。

博拉尼奥

我同意，但那时他还年轻，还没有足够的人生阅历。

---

[1] "先生"原文为西班牙语。
[2] 表示无穷的数学符号写作 ∞。

我一直认为它可以被拍成一部好电影。现在仍然能，
尽管好莱坞可能会让那个他抛弃的女人目睹他死在街
垒上。

博尔赫斯
就我的情况而言，电影对我没用。

博拉尼奥
海明威好在把《猎人笔记》作为他的奠基文本。还有
《父与子》。他自己的一个短篇小说借用了这个标题。

博尔赫斯
海明威的作品，除了《不败的人》我都忘了，那是关
于曼努埃尔·加西亚，一个孤苦、注定悲剧的老斗牛
士。当剑终于刺中目标，曼努埃尔·加西亚五指都插
进了公牛身体。他满身血污，要让自己和对手的血相
融。海明威写那个故事时才二十几岁，但它很聪明。

博拉尼奥
这些年攻击海明威已经成了潮流。我欣赏他是因为承
认他极深远的影响。加缪的风格是从海明威和詹姆
斯·M.凯恩那儿学来的。

博尔赫斯

你放肆却又严肃，博拉尼奥，是个有点好玩却很糟糕的批评家。死后来找我吧。我们有大把时间说话。

博拉尼奥

我怎么找到你？你死了这么多年都没碰上梅尔维尔。

博尔赫斯

总会碰到的。这些通道十分拥挤。也许他不想说话。我听说他还在恼恨生前没能出版大作《比利·巴德》。你我注定迟早会相遇。到时候，我会告诉你你的作品里缺了什么。

博拉尼奥

缺了什么？为什么现在不告诉我，趁我还在写作的时候？

博尔赫斯

再读一次《南方》。要诀在那儿。

豪尔赫·路易斯·博尔赫斯消失了。**罗贝托·博拉尼奥**四处张望，但鬼魂已经走了。

博拉尼奥

该死，我讨厌神神秘秘的东西！这是个我本来可以写下来的故事，一个没有答案的故事。只有博尔赫斯能写得更好。

剧终

音乐

MUSIC

James Joyce

Samuel Beckett

出场人物

詹姆斯·乔伊斯，爱尔兰作家，《尤利西斯》和《芬尼根的守灵夜》的作者

萨缪尔·贝克特，爱尔兰作家，《等待戈多》《克拉普最后的录音带》等剧目的作者。这时他是乔伊斯的秘书。

场景

1921 年，法国巴黎，乔伊斯家的公寓书房。乔伊斯和贝克特各坐在屋子两边的扶手椅里。乔伊斯正在读书；贝克特拿着笔记本和钢笔待命。

剧本

十分钟内，仅有的声音就是**乔伊斯**不时的自言自语和翻书声。终于，**乔伊斯**说话了。

乔伊斯

音乐！

贝克特将这个词写在笔记本里，然后两人都安静一段时间，直到

剧终

图书在版编目（CIP）数据

作家们 /（美）巴里·吉福德著；晓风译. -- 南京：
南京大学出版社，2017.7
ISBN 978-7-305-18541-0

Ⅰ.①作… Ⅱ.①巴… ②晓… Ⅲ.①作家—生平事
迹—世界 Ⅳ.①K815.6

中国版本图书馆CIP数据核字（2017）第096375号

WRITERS
by Barry Gifford
Copyright © 2017 Barry Gifford
Simplified Chinese translation copyright © 2017 Nanjing University Press
Published by arrangement with Curtis Brown Ltd.
Through Bardon-Chinese Media Agency
All rights reserved.

江苏省版权局著作权合同登记 图字：10-2016-256号

出版发行　南京大学出版社
社　　址　南京市汉口路22号　邮 编 210093
出 版 人　金鑫荣

书　　名　作家们
著　　者　（美）巴里·吉福德
译　　者　晓　风
责任编辑　顾舜若 沈卫娟
书籍设计　周伟伟
印　　刷　江苏凤凰盐城印刷有限公司
开　　本　787×1092 1/32 印张 5.75 字数 72千
版　　次　2017年7月第1版 2017年7月第1次印刷
ISBN　978-7-305-18541-0
定　　价　32.00元

电子邮箱　Press@ NjupCo.com
　　　　　Sales@ NjupCo.com（市场部）
网　　址　http://www.njupco.com
官方微博　http://weibo.com/njupco
官方微信　njupress
销售咨询　025- 83594756

Writers